Noha Baz

Le Labneh
une légende savoureuse du levant

Texte et recettes : Noha Baz
Illustration : Florence Cointreau

les petits soleils

Je dédie la douceur de ce livre et ses saveurs
À tous les libanais que la violence a mis une fois de plus sur les
chemins de l'exil.

Je le dédie également à tous les levantins
Qu'une cuillère de labneh ramène à une terre de miel et de lait.

À
Patrick
Stéphanie et John
Delphine et Nader

Lila et Thomas
Livia et Gabriel

Pour qui la "Arouss" labneh des dimanches soirs est un voyage.

"Le labneh, c'est la blancheur de la terre, pétrie dans le silence des collines.
Un souffle de lait retenu, offert en partage,
Où l'Orient s'épanouit dans sa simplicité,
Et dans chaque cuillerée, la mémoire des oliviers, des mains patientes,
Comme un poème murmurant l'infini entre l'acide et le doux."

Salah Stétié

Petit poème récité spontanément a cappella lors d'une réunion du prix littéraire Ziryab.
Salah Stetié a fait partie du jury du prix Ziryab de 2014 à 2020.

Qu'est-ce que le labneh ?

Le labneh est un produit laitier fermenté confectionné à partir de yaourt de lait de vache, de chèvre ou de brebis. Une fois le yaourt égoutté, sa texture épaissie lui donne une texture similaire au fromage frais ou à la crème fraîche.

Pour la petite histoire

Produit laitier traditionnel du Levant, le labneh a une histoire riche et ancienne. Ses origines remontent à plusieurs millénaires lorsqu'en Mésopotamie, au temps des migrations, les peuples nomades parcouraient le désert des mois entiers avec leurs troupeaux de chèvres et de moutons dans des conditions arides. Ils avaient donc besoin d'une méthode de conservation du lait : ils ont ainsi commencé par transformer le lait en yaourt puis par le filtrer pour en retirer l'excès de liquide.

C'est ainsi qu'ils ont donné naissance à un produit plus épais et plus durable : le labneh.

De nos jours, le labneh a transcendé les frontières du Levant pour devenir un aliment populaire dans le monde entier. Il est apprécié pour sa simplicité, ses bienfaits nutritionnels, et sa polyvalence en cuisine.

Le nom labneh dérive de "laban" mot arabe qui signifie "blanc" faisant référence ainsi à sa couleur et à son origine laitière.

Le mot labneh ou labné a officiellement fait son entrée dans le dictionnaire en Août 2023.

Incontournable des petits déjeuner libanais, devenu également un essentiel du mezze, le labneh se prête à diverses préparations savoureuses qui, partant du levant ont conquis le monde.

Très simple à confectionner chez soi, on peut néanmoins trouver aujourd'hui de multiples variétés d'excellente qualité, diffusées en France, en Europe et un peu partout dans le monde.

Labneh : comme à la maison

une tradition familiale

Labneh maison

Pour 500 G de Labneh

La préparation du labneh est une tradition familiale dans de nombreux foyers libanais, où le yaourt est suspendu dans des sacs en étamine ou en tissu pour être égoutté naturellement, un procédé artisanal transmis de génération en génération.

Ingrédients

1 KG **YAOURT DE VOTRE CHOIX (CHÈVRE, BREBIS OU VACHE)**

1 c. à café **SEL FIN**

Préparation

1. Déposez le yaourt dans le sac en étamine, rajoutez la cuillère de sel. Si vous n'avez pas un sac en étamine, utilisez une passoire ou un tamis et recouvrez-les avec une étamine ou un torchon.

2. Mélangez délicatement et suspendez à un crochet au-dessus d'un bac.

3. Laissez égoutter 24 heures.

4. Transvasez le labneh dans un récipient en verre et gardez au frais.

Le labneh peut être servi avec un filet d'huile d'olive, des olives, des concombres, des feuilles de menthe, ou encore des épices comme le zaatar.

Labneh Makbouss

Le labneh peut se présenter également sous forme de boules appelées également "labneh Makbouss" c'est à dire confites.

Ce procédé artisanal, typique des régions rurales du Levant, reflète la manière traditionnelle de préserver et sublimer le labneh tout en enrichissant ses saveurs.

Il s'agit toujours de labneh mais égoutté plus longtemps (48 heures) et façonné en petites boules puis conservé dans de l'huile d'olive.

Ingrédients

1 KG **YAOURT DE VOTRE CHOIX (CHÈVRE, BREBIS OU VACHE)**

1 c. à café **SEL FIN**

Préparation

1. Égouttez bien le labneh pendant 48 heures à l'aide d'un linge fin pour obtenir une texture plus dense, idéale pour former des boules.

2. Une fois le labneh bien égoutté, façonnez-le en petites boules, de la taille d'une noix, à la main. Pour éviter qu'elles ne collent, vous pouvez légèrement imbiber vos mains d'huile d'olive.

3. Placez les boules de labneh dans des bocaux propres et stérilisés et recouvrez-les d'huile d'olive.

Traditionnellement, les boules de labneh peuvent être conservées telles quelles ou roulées dans diverses herbes et épices comme le Zaatar, le romarin, le piment ou des graines de nigelle pour les aromatiser.

Traitées ainsi, elles peuvent être ainsi conservées pendant plusieurs mois grâce à l'huile d'olive.

Vous pourrez en trouver plusieurs variétés dans le commerce et elles peuvent être servies telles quelles pour un mezze ou utilisées pour garnir salades et plats méditerranéens.

Labneh simple au quotidien

Le Labneh ce cher amour
Suit avec grâce toutes les heures du jour
Du petit déjeuner au dîner
À mille saveurs associé

Labneh à l'huile d'olive et au Zaatar

Pour 6 personnes

Ingrédients

250 G **LABNEH**

1 c. à soupe **HUILE D'OLIVE EXTRA VIERGE**

1 c. à soupe **MÉLANGE ZAATAR OU POIGNÉE DE FEUILLES DE ZAATAR FRAIS**

Préparation

1. Disposez le labneh dans un plat creux, arrosez généreusement d'huile d'olive.

2. Saupoudrez de Zaatar mélange ou de feuilles de Zaatar.

Servez avec du pain frais ou grillé. Pain pita ou tranches de pain de campagne

Labneh à l'ail
ou labneh bi Toum

Pour 6 personnes

Délicieuse variation autour du labneh traditionnel, agrémenté d'ail, celui-ci offre une saveur riche et piquante.

Ingrédients

200 G **LABNEH**

3 **GOUSSES D'AIL DÉGERMÉES ET PILLÉES**

1 c. à soupe **HUILE D'OLIVE**

1 c. à café **SEL**

3 **FEUILLES DE MENTHES FRAÎCHE HACHÉES**

OU

1 c. à café **MENTHE SÈCHE**

Préparation

1. Dégermez les gousses d'ail et pillez-les dans un mortier.

2. Dans un bol, déposez le labneh, l'ail écrasé, les feuilles de menthe fraîche hachées ou sèches et le sel. Mélangez bien puis ajoutez 2 cuillères d'huile d'olive.

3. Transférez le labneh dans un plat de service et arrosez d'encore un peu d'huile d'olive, d'une pincée de feuilles de menthe supplémentaire.

Dégustez sur des tranches de Pita ou de pain de campagne grillées accompagné de quelques olives.

Labneh façon "boursin"

Pour 6 personnes

À chaque fois que j'en confectionne j'ai une pensée affectueuse pour ma mère qui en raffolait ! Elle le préparait par kilos entiers et le proposait souvent à l'apéritif avec olives et pain pita grillé.

Ingrédients

250 G **LABNEH**

1 **GOUSSE D'AIL DEGERMÉE ET PILLÉE**

2 c. à soupe **CIBOULETTE HACHÉE**

1 c. à soupe **HUILE D'OLIVE EXTRA VIERGE**

1 c. à café **SEL FIN**

Préparation

1. Hachez finement la ciboulette. Dans un bol, combinez le labneh, l'ail écrasé, la ciboulette, l'huile d'olive et le sel.

2. Laissez le mélange reposer au réfrigérateur pendant environ 30 minutes et présentez avec des quartiers de pain de pita toastés.

Labneh et légumes

une histoire d'amour et
de saveurs toujours réussie

Concombres au labneh

Pour 6 personnes

Présentés en élégantes petites barquettes ils sont délicieux pour l'apéritif.

Ingrédients

200 G **LABNEH**

2 **GOUSSES D'AIL DÉGERMÉES**

1/2 c. à café **SEL**

2 **GRANDS CONCOMBRES (OU 4 PETITS) ÉPLUCHÉS ET ÉVIDÉS**

5 **FEUILLES DE MENTHE FRAÎCHE**

Préparation

1. Déposez dans un plat à service les concombres évidés et coupés en tronçons de 5 cm.
2. Dans chaque barquette déposez une cuillère de labneh.
3. Couvrez d'un filet d'huile d'olive et décorez avec une feuille de menthe.

Labneh aux épinards et pignons

Pour 6 personnes

Ingrédients

250 G **LABNEH**

200 G **ÉPINARDS FRAIS**

30 G **PIGNONS TORRIFIÉS**

2 **GOUSSES D'AIL DÉGERMÉES ET PILLÉS**

1 c. à soupe **HUILE D'OLIVE**

1 c. à café **SEL FIN**

1/2 c. à café **POIVRE DOUX SAHAWAK OU POIVRE DE JAMAÏQUE**

1 c. à café **CORIANDRE SÈCHE MOULUE**

Préparation

1. Faites revenir rapidement dans une poêle à fond épais les épinards dans l'huile d'olive et rajoutez les gousses d'ail pillées et la coriandre sèche moulue.

2. Laissez tiédir puis rajoutez le labneh. Mélangez et étalez dans un plat à service.

3. Garnissez avec des pignons grillés et présentez.

Curry de légumes au labneh

Pour 6 personnes

Ingrédients

3 **CAROTTES**

2 **COURGETTES**

1 **AUBERGINE RONDE DE TAILLE MOYENNE**

1 **GROS OIGNON DOUX**

2 **GOUSSES D'AIL DÉGERMÉES ET PILLÉES**

5 c. à soupe **LABNEH**

2 c. à soupe **HUILE D'OLIVE**

200 ML **LAIT DE COCO**

50 ML **EAU**

1 c. à café **CUMIN MOULU**

2 c. à soupe **MÉLANGE DE CURRY DOUX**

1 c. à soupe **FARINE DE BLÉ OU DE RIZ**

1/2 bouquet **CORIANDRE FRAÎCHE LAVÉE ET TRIÉE**

Préparation

1. Commencez par laver, épluchez et coupez les légumes en dés.

2. Hachez la coriandre et gardez quelques feuilles pour décorer.

3. Faites revenir dans un fait-tout l'ail et l'oignon dans l'huile d'olive. Rajoutez-les légumes coupés en dés, saupoudrez-les de farine de blé ou de riz et rajoutez les épices.

4. Mélangez bien et rajoutez 25 ml d'eau puis mettez à cuire couvert et sur feu doux pendant dix minutes en remuant de temps en temps.

5. Une fois les légumes bien saisis et pratiquement cuits, incorporez le lait de coco pour obtenir une sauce bien onctueuse.

6. Rajoutez la coriandre hachée et remettez à cuire 5 minutes.

7. Retirez du feu et rajoutez alors quelques cuillerées de labneh pour donner une touche crémeuse et acidulée.

8. Déposez dans un plat à service.

9. Décorez de quelques feuilles de coriandre et servez avec du riz basmati cuit pilaf.

Spaghettis labneh et épinards

Pour 6 personnes

Un délice rapide à faire et encore plus rapide à déguster.

Ingrédients

500 G **SPAGHETTIS À PÂTE DURE**
150 G **LABNEH**
250 G **ÉPINARDS FRAIS**
2 **GOUSSES D'AIL DÉGERMÉES ET PILLÉES**
1 c. à café **ZESTE DE CITRON BIO**
50 G **PIGNONS TORRIFIÉS**
1 c. à soupe **HUILE D'OLIVE**
30 G **PARMESAN RÂPÉ (OPTIONNEL)**

Préparation

1. Faites cuire les pâtes al dente dans de l'eau bouillante salée.

2. Pendant ce temps, faites revenir les épinards dans l'huile d'olive avec l'ail.

3. Égouttez les pâtes en gardant une cuillère à soupe d'eau de cuisson pour lier la sauce.

4. Mélangez les pâtes cuites et égouttées avec les épinards. Incorporez la cuillère d'eau de cuisson et le labneh, mélangez bien.

5. Saupoudrez de zeste de citron et versez dans un plat à service.

6. Parsemez de pignons grillés avant de servir.

Présentez avec un ravier de parmesan râpé.

Aubergines rôties labneh, grenades et noix

Pour 6 personnes

Ingrédients

6 **AUBERGINES RONDES ET FERMES**

150 G **LABNEH**

2 **GOUSSES D"AIL**

1 **CITRON**

2 c. à soupe **HUILE D'OLIVE**

50 G **ARILLES DE GRENADE**

50 G **PIGNONS DE PIN TORRIFIÉS**

1/2 bouquet **PERSIL TRIÉ ET HACHÉ**

Préparation

1. Lavez et coupez les aubergines en deux, badigeonnez-les d'huile d'olive et faites-les rôtir au four à 180°C pendant 25 minutes jusqu'à ce qu'elles soient bien tendres. Lorsqu'elles sont cuites à cœur sortez-les du four et laissez-les tiédir.

2. Mélangez le labneh avec l'ail et la cuillère de café de jus de citron filtré, puis garnissez les aubergines rôties avec ce mélange.

3. Parsemez de graines de grenade, de pignons grillés et de persil haché et présentez.

Gratin de courgettes au labneh

Pour 6 personnes

Ingrédients

1 KG **COURGETTES**

150 G **LABNEH**

2 **GOUSSES D'AIL DÉGERMÉES ET PILLÉES**

1 c. à café **HERBES DE PROVENCE**

50 G **PARMESAN**

25 G **CHAPELURE**

1 c. à soupe **HUILE D'OLIVE**

1 c. à café **SEL FIN**

1/2 c. à café **POIVRE DE JAMAÏQUE**

Préparation

1. Lavez et coupez les courgettes en rondelles et faites-les revenir rapidement dans 2 cuillères à soupe d'huile d'olive en rajoutant l'ail, le sel et le poivre puis disposez-les dans un plat à gratin.

2. Mélangez le labneh avec les herbes de Provence puis nappez les courgettes avec le mélange. Parsemez de parmesan râpé et de chapelure, puis arrosez d'une cuillère d'huile d'olive. Faites cuire au four à 180°C jusqu'à ce que le gratin soit bien doré.

Légumes rôtis sauce labneh et Zaatar

Pour 6 personnes

Le contraste entre la douceur des légumes rôtis et la fraîcheur crémeuse du labneh fait à chaque fois merveille.

Ingrédients

POUR LA SAUCE LABNEH :

200 G **LABNEH**

1 c. à soupe **JUS DE CITRON**

1 c. à soupe **HUILE D'OLIVE**

1 **GOUSSE D'AIL DÉGERMÉE ET PILLÉE**

1 pincée **SEL POIVRE DE JAMAÏQUE**

1 pincée **ZAATAR OU QUELQUES FEUILLE DE MENTHE OU DE PERSIL**

POUR LES LÉGUMES :

2 **CAROTTES COUPÉES EN BÂTONNETS**

2 **COURGETTES COUPÉES EN RONDELLES**

1 /2 **POTIMARRON DÉTAILLÉ EN QUARTIERS**

250 G **PETITS BOUQUETS DE CHOU-FLEUR**

2 **GOUSSES D'AIL ENTIÈRES (AVEC LA PEAU)**

2 c. à soupe **HUILE D'OLIVE**

1 c. à café **SEL FIN**

1 **BOUQUET DE CORIANDRE**

Préparation

1. Préchauffez le four à 200°C.

2. Disposez les légumes coupés sur une plaque de cuisson. Arrosez-les d'huile d'olive, assaisonnez avec le sel et le poivre. Mélangez à la main pour bien les enrober.

3. Ajoutez les gousses d'ail non épluchées sur la plaque pour qu'elles rôtissent avec les légumes.

4. Mettez à four chaud pendant 30 minutes, en retournant les légumes à mi-cuisson, jusqu'à ce qu'ils soient dorés et tendres.

5. Disposez les légumes rôtis sur un plat de service. Servez avec la sauce au labneh à part ou en napper directement les légumes.

Présentez avec des tranches de pain de campagne grillées.

Labneh à la fricassée d'olives pimentées

Parfait en entrée ou en accompagnement.

Ingrédients

200 G **LABNEH**

150 G **OLIVES VERTES PIMENTÉES DÉNOYAUTÉES**

1 **OIGNON HACHÉ**

2 **GOUSSES D'AIL DÉGERMÉES ET PILLÉES**

1 c. à café **PAPRIKA DOUX**

1 c. à café **POIVRE DE JAMAÏQUE**

1 c. à café **CUMIN MOULU**

3 c. à soupe **HUILE D'OLIVE**

1/2 bouquet **CORIANDRE FRAÎCHE POUR GARNIR**

Préparation

1. Hachez finement l'oignon et l'ail. Dans une poêle, faites chauffer l'huile d'olive et faites revenir l'oignon jusqu'à ce qu'il soit translucide.

2. Ajoutez l'ail et les olives dans la poêle. Incorporez les épices : paprika, cumin, et poivre de Jamaïque. Mélangez bien et laissez mijoter à feu doux pendant 5 minutes.

3. Étalez le labneh dans une assiette de service. Assaisonnez-le avec un filet d'huile d'olive. Une fois la fricassée d'olives prête, disposez-la délicatement sur le labneh étalé. Parsemez de feuilles de coriandre fraîche et présentez.

Servez ce plat avec du pain pita, ou des tranches de pain grillé.

Labneh rose à la betterave

Pour 6 personnes

Variation colorée et savoureuse du labneh classique auquel l'ajout de la betterave confère une belle teinte rose vif et un goût légèrement sucré.

Ingrédients

250 G **LABNEH**

2 **PETITES BETTERAVES CUITES ET PELÉES.**

1 c. à café **JUS DE CITRON**

1 c. à soupe **HUILE D'OLIVE**

1 c. à café **SEL FIN**

1/2 c. à café **POIVRE DE JAMAÏQUE**

1/2 bouquet **PERSIL PLAT TRIÉ ET LAVÉ**

1 c. à café **ÉCHALOTES ÉMINCÉES**

Préparation

1. Préparez la betterave : Coupez-la en morceaux puis mixez-la avec le jus de citron et les échalotes jusqu'à obtenir une purée lisse.

2. Incorporez-la au labneh dans un bol puis ajoutez l'huile d'olive, le sel et le poivre. Mélangez bien jusqu'à obtenir un ensemble homogène.

3. Transférez le mélange dans un bol de service et garnissez d'un filet d'huile d'olive, de persil plat frais haché et présentez.

Cette version vibrante de couleurs et de saveurs est excellente en accompagnement pour des grillades ou des salades.

Risotto au labneh, artichauts et olives

Parfait en entrée ou en accompagnement.

Ingrédients

300 G **RIZ ARBORIO**

1 L **BOUILLON DE LÉGUMES**

200 G **LABNEH**

200 G **CŒURS D'ARTICHAUTS CUISINÉS EN BOCAUX**

100 G **OLIVES NOIRES KALAMATA DÉNOYAUTÉES**

1 **OIGNON MOYEN HACHÉ FIN**

2 **GOUSSES D'AIL DÉGERMÉES ET PILLÉES**

1 verre **VIN BLANC SEC**

50 G **PARMESAN RÂPÉ**

3 c. à soupe **D'HUILE D'OLIVE**

JUS FILTRÉ D'UN DEMI-CITRON

1 c. à café **SEL FIN**

QUELQUES FEUILLES DE PERSIL PLAT FRAIS POUR GARNIR

Préparation

1. Égouttez bien les cœurs d'artichauts et coupez-les en quartiers. Coupez les olives dénoyautées en petits dés. Réservez.

2. Dans une grande poêle ou une casserole à fond épais, faites chauffer 2 cuillères à soupe d'huile d'olive. Ajoutez l'oignon finement haché et faites-le revenir jusqu'à ce qu'il soit translucide. Ajoutez l'ail haché et faites revenir 1 minute de plus.

3. Ajoutez le riz arborio et faites-le revenir 2 à 3 minutes jusqu'à ce qu'il devienne légèrement translucide. Rajouter le sel.

4. Ajoutez le verre de vin blanc et laissez-le s'évaporer en remuant bien puis commencez à ajouter louche par louche le bouillon de légumes; attendez que le liquide soit absorbé avant d'en rajouter une autre.

Remuez régulièrement et continuez à rajouter du bouillon jusqu'à ce que le riz commence à s'attendrir tout en restant ferme. La cuisson dure environ 18 à 20 minutes.

5. Quand le riz est presque cuit, rajoutez les cœurs d'artichauts, les olives et le parmesan puis mélangez délicatement pour les répartir uniformément dans le risotto.

6. Hors du feu, ajoutez le labneh et mélangez pour obtenir une texture encore plus crémeuse.

Ajoutez du poivre et un peu de jus de citron pour équilibrer les saveurs.

Servez le risotto bien chaud, garni de quelques feuilles de persil ou de basilic frais et d'un filet d'huile d'olive.

Tarte au labneh, aubergines et grenade

Pour 6 personnes

C'est toujours une entrée élégante, avec une jolie touche de fraîcheur apportée par la grenade.

Ingrédients

1 PÂTE FEUILLETÉE PRÊTE À L'EMPLOI

200 G **LABNEH**

2 **AUBERGINES**

1 **GRENADE ÉGRAINÉE**

2 c. à soupe **HUILE D'OLIVE**

1 **GOUSSE D'AIL DÉGERMÉE ET PILLÉE**

2 c. à café **SEL**

1 c. à café **POIVRE SAHAWAK OU POIVRE DE JAMAÏQUE**

QUELQUES FEUILLES DE MENTHE POUR DÉCORER

Préparation

1. Préchauffez votre four à 200°C.
Coupez les aubergines en tranches fines. Placez-les sur une plaque de cuisson, badigeonnez-les d'huile d'olive et assaisonnez de sel et poivre.

2. Enfournez pendant 20 à 25 minutes, jusqu'à ce qu'elles soient bien dorées et tendres.

3. Étalez la pâte feuilletée dans un moule à tarte. Piquez le fond avec une fourchette, couvrez de papier cuisson et faites-la précuire à 180°C pendant environ 10 minutes, jusqu'à ce qu'elle soit légèrement dorée.

4. Pendant que la pâte et les aubergines cuisent, mélangez le labneh avec l'ail haché, le sel le poivre et une pincée de zaatar. Réservez.

5. Une fois la pâte précuite, étalez une généreuse couche de labneh sur le fond de tarte. Disposez en éventail les tranches d'aubergines rôties par-dessus.

6. Remettez la tarte au four pendant 10 minutes à 180°C, juste pour réchauffer l'ensemble.

7. Une fois la tarte sortie du four, parsemez de graines de grenade fraîches. Ajoutez également quelques feuilles de menthe ou de persil pour décorer. Rajoutez un filet d'huile d'olive et servez tiède.

Salade de roquette, pêches rôties et labneh

Pour 6 personnes

Parfait en entrée ou en accompagnement.

Ingrédients

500 G **FEUILLES DE ROQUETTE TRIÉES ET LAVÉES**

6 **PÊCHES DÉNOYAUTÉES COUPÉES EN DEUX**

6 c. à soupe **LABNEH**

50 G **NOIX DE PÉCAN**

1 c. à café **VINAIGRE BALSAMIQUE BLANC**

3 c. à soupe **MIEL D'ORANGER**

2 c. à soupe **HUILE D'OLIVE**

1 c. à café **SEL FIN**

Préparation

1. Déposez les feuilles de roquette dans un plat de service.

2. Posez les pêches dénoyautées et coupées en deux sur un plat à four et mettez sous le grill du four pendant dix minutes.

3. Ajoutez au labneh le miel et le vinaigre balsamique. Mélangez l'huile d'olive et le sel.

4. Sortez les pêches et laissez-les tiédir puis déposez une cuillère de labneh dans chacune.

5. Arrosez avec l'huile d'olive et parsemez de noix de pécan. Présentez.

Viandes, volailles, saumon fumé et labneh

accord parfait

Tartines saumon, labneh et citron

Pour 6 personnes

Ingrédients

6 **TRANCHES PAIN DE CAMPAGNE**

200 G **SAUMON FUMÉ**

150 G **LABNEH**

1/2 c. à café **ZESTE DE CITRON**

1 filet **HUILE D'OLIVE**

QUELQUES BRINS D'ANETH

1 TOUR **MOULIN À POIVRE**

Préparation

1. Commencez par toaster les tranches de pain de campagne.

2. Placez le labneh dans un bol. Ajoutez un filet d'huile d'olive et un tour de moulin à poivre. Mélangez bien.

3. Disposez les tranches de pain de campagne toastées dans un plat de présentation.

4. Étalez sur chaque tranche le labneh en couche généreuse. Disposez les tranches de saumon par-dessus le labneh.

5. Saupoudrez d'un peu de zeste de citron, puis parsemez d'aneth frais et présentez.

Poulet rôti au labneh

Le labneh donne au poulet une chair tendre et juteuse, avec une belle croûte dorée. Surprenant et savoureux, l'essayer c'est l'adopter.

Ingrédients

1 **POULET FERMIER ENTIER**
(ENVIRON 1,5 KG)
50 G **LABNEH**
2 **GOUSSES D'AIL DÉGERMÉES**
PILLÉES
JUS D'UN CITRON FILTRÉ
1 c. à café **HERBES DE PROVENCE**
1 c. à soupe **HUILE D'OLIVE**
SEL, POIVRE

Préparation

1. Mélangez le labneh avec l'ail écrasé, le jus de citron, les herbes de Provence et un peu d'huile d'olive. Enduisez copieusement le poulet de ce mélange, puis laissez mariner deux heures au frais.

2. Rôtissez le poulet au four à 180°C pendant 2 heures jusqu'à ce qu'il soit bien doré et cuit à cœur.

3. Servez accompagné de petites pommes de terre rissolées.

Agneau mariné au labneh

Pour 6 personnes

Ingrédients

1 **BEAU GIGOT D'AGNEAU**

150g **LABNEH**

5 **GOUSSES D'AIL**

2 c. à café **POIVRE DOUX SAHAWAK OU POIVRE DE JAMAÏQUE**

1 c. à café **CANNELLE**

1 c. à café **PIMENT D'ALEP**

1 c. à soupe **JUS DE CITRON**

1 c. à soupe **HUILE D'OLIVE**

Préparation

1. Mélangez intimement le labneh avec l'ail et les épices, le jus de citron et l'huile d'olive.

2. Enduisez soigneusement le gigot de cette marinade, couvrez et laissez reposer toute une nuit au réfrigérateur.

3. Le lendemain, sortez le gigot et laissez reposer la viande une heure avant de la faire cuire à four chaud (180°C) pendant au moins deux heures.

4. La durée de cuisson dépendra du poids du gigot. Dès que la viande devient fondante, sortez et laissez reposer le gigot couvert pendant 20 minutes avant de servir avec l'accompagnement de votre choix : purée de pommes de terre, pommes de terre sautées, salade verte, haricots verts, etc.

Ragoût de bœuf au labneh

Pour 6 personnes

Plat réconfortant, idéal pour les journées fraîches.

Ingrédients

800 G **PALERON DE BŒUF COUPÉ EN GROS CUBES**

2 **OIGNONS ÉMINCÉS**

3 **GOUSSES D'AIL DÉGERMÉES ET HACHÉES**

2 c. à soupe **HUILE D'OLIVE**

2 **CAROTTES COUPÉES EN RONDELLES**

2 **BRANCHES DE CÉLERI COUPÉES EN MORCEAUX**

1 **FEUILLE DE LAURIER**

2 **GOUSSES DE CARDAMOME VERTE**

1 c. à café **POIVRE DE JAMAÏQUE**

1 c. à café **PAPRIKA**

400 G **TOMATES CONCASSÉES**

500 ML **BOUILLON DE BŒUF**

1 c. à café **SEL FIN**

200 g **LABNEH**

1/2 botte **PERSIL PLAT POUR LA GARNITURE**

Préparation

1. Dans une cocotte, chauffez l'huile d'olive à feu moyen et faites dorer les cubes de bœuf sur toutes les faces. Réservez.

2. Ajoutez les légumes. Dans la même cocotte, faites revenir les oignons, l'ail, les carottes et le céleri. Assaisonnez, ajoutez les épices et remuez bien.

3. Remettez la viande dans la cocotte, puis ajoutez les tomates concassées, le bouillon de bœuf et la feuille de laurier. Salez et poivrez, puis couvrez et laissez mijoter à feu doux pendant environ 2 heures, jusqu'à ce que la viande soit tendre.

4. Une fois le ragoût prêt, retirez du feu et incorporez délicatement le labneh pour ajouter une onctuosité à la sauce. Mélangez.

5. Servez le ragoût avec une garniture de persil frais et un peu de labneh supplémentaire en accompagnement.

Ce plat est merveilleux accompagné d'un simple riz pilaf.

"Laban Emmo"
Le lait de sa mère

Pour 6 personnes

Plat traditionnel libanais confectionné pour célébrer l'agnelage qui s'étend en général de la mi-janvier à la mi-avril et dont le nom signifie littéralement " le lait de sa mère". Ce ragoût réconfortant est typiquement à base de viande d'agneau cuite dans une sauce au yaourt ou labneh parfumé d'ail et de coriandre.

Ingrédients

- 1KG **ÉPAULE D'AGNEAU COUPÉ EN CUBES**
- 1 c. à café **POIVRE DE JAMAÏQUE**
- 1 c. à café **CANNELLE**
- 1 c. à café **CARDAMONE MOULUE**
- 500 ML **BOUILLON VÉGÉTAL**
- 2 c. à soupe **HUILE D'OLIVE**
- 1KG **LABNEH**
- 2 c. à café **MAÏZENA**
- 2 **GOUSSES D'AIL DÉGERMÉES ET PILLÉES**
- 1/2 bouquet **CORIANDRE HACHÉE**

Préparation

1. Faites revenir dans une casserole à fond épais les cubes d'agneau dans deux cuillères d'huile d'olive ; lorsqu'elles sont bien dorées, rajoutez l'ail et la coriandre ainsi que le bouillon végétal.

2. Laissez mijoter pendant deux heures à feu doux en remuant et en rajoutant un peu de bouillon de temps à autre.

3. Dans une autre casserole, déposez le labneh, la maïzena et les 100 ml d'eau. Remuez doucement pour obtenir une texture veloutée et mettez sur feu doux pendant 15 minutes jusqu'à ce que le mélange épaississe.

4. Faites revenir les deux gousses d'ail restantes avec le 1/2 bouquet de coriandre pendant 5 minutes et réservez. Déposez la viande dans la sauce labneh.

Juste avant de servir, rajoutez le mélange ail coriandre.

Présentez avec un riz blanc pilaf décoré de feuilles de coriandre et régalez-vous !

Le Labneh en desserts

fera tout pour vous plaire

Dattes labneh, miel et noix

Pour 6 personnes

Petit en-cas délicieux et véritable bombe nutritive

Ingrédients

12 **DATTES (IDÉALEMENT VARIÉTÉ MEDJOOL)**

200 G **LABNEH**

50 G **PISTACHES EN POUDRE**

30 G **PISTACHES ÉCALÉES NON SALÉES**

30 G **MIEL**

1 c. à café **CARDAMOME OU CANNELLE MOULUE**

Préparation

1. Ouvrez les dattes en deux, retirez les noyaux et placez-les dans un plat de service.
2. Préparez le labneh en le mélangeant avec le miel.
Placez-le délicatement dans les dattes.
3. Saupoudrez de cardamome ou de cannelle et de pistaches moulues.
Dégustez.

Gâteau au labneh

Pour 6 personnes

Un dessert simple et délicieux qui allie la douceur d'un gâteau classique à la légère acidité du labneh.

Ingrédients

300 G **LABNEH (FAIT MAISON OU ACHETÉ)**

150 G **SUCRE SEMOULE BLOND**

100 G **BEURRE (FONDU ET REFROIDI)**

3 **ŒUFS**

150 G **FARINE DE BLÉ TAMISÉE**

1 c. à café **LEVURE CHIMIQUE**

1 c. à café **EXTRAIT DE VANILLE**

1 c. à café **ZESTE D'UN CITRON BIO**

1 c. à café **PINCÉE SEL**

Préparation

1. Préchauffez votre four à 180°C (350°F).

2. Beurrez et farinez un moule à gâteau de 20 cm de diamètre (ou chemisez-le de papier sulfurisé).

3. Dans un grand bol, fouettez les œufs et le sucre jusqu'à obtenir un mélange pâle et mousseux.

4. Ajoutez le labneh, le beurre fondu, l'extrait de vanille, et le zeste de citron (si utilisé). Mélangez jusqu'à ce que la pâte soit homogène.

5. Dans un autre bol, mélangez la farine, la levure chimique et la pincée de sel.

6. Incorporez progressivement les ingrédients secs aux ingrédients liquides en mélangeant délicatement à l'aide d'une spatule ou d'une cuillère en bois, jusqu'à obtenir une pâte lisse et sans grumeaux.

7. Versez la pâte dans le moule préparé. Enfournez pendant environ 35 à 40 minutes, ou jusqu'à ce qu'un cure-dent inséré au centre du gâteau en ressorte propre. Si le dessus du gâteau dore trop rapidement, vous pouvez le couvrir de papier aluminium à mi-cuisson.

8. Laissez le gâteau refroidir dans le moule pendant 10 à 15 minutes, puis démoulez-le sur une grille pour qu'il refroidisse complètement.

Vous pouvez présenter saupoudré d'un peu de sucre glace.

Glace labneh citron

Cousine levantine du Frozen yogurt, légère et veloutée, parfaite pour un dessert d'été.

Ingrédients

400 G **LABNEH**

200 ML **CRÈME LIQUIDE ENTIÈRE**

100 G **SUCRE SEMOULE BLANC**

1 c. à café **EXTRAIT DE VANILLE**

1 c. à café **ZESTE DE CITRON BIO**

30 G **PISTACHES ÉCALÉES NON SALÉES, TORRÉFIÉES**

Préparation

1. Mélangez dans un bol le labneh avec le sucre et l'extrait de vanille. Si vous souhaitez, ajoutez une touche acidulée, incorporez le zeste de citron.

2. Dans un deuxième bol, montez la crème liquide en chantilly jusqu'à ce qu'elle soit bien ferme. Ensuite, incorporez délicatement la crème fouettée dans le mélange de labneh.

3. Versez le mélange dans un récipient adapté et placez-le au congélateur. Remuez le mélange toutes les 30 minutes pendant les 3 premières heures, afin d'éviter la formation de cristaux.

4. Une fois la glace bien prise (après environ 4 à 6 heures), servez-la avec un filet de miel et des éclats de pistaches torréfiées.

Cheesecake au labneh

Pour 6 personnes

Un dessert frais et onctueux qui marie les saveurs du Levant à la richesse d'un cheesecake traditionnel.

Ingrédients

POUR LA BASE :
200 G **BISCUITS (TYPE SPÉCULOOS OU BISCUITS DIGESTIFS)**
80 G **BEURRE FONDU**

POUR LA GARNITURE :
400 G **LABNEH**
250 G **FROMAGE FRAIS (TYPE PHILADELPHIA)**
150 G **SUCRE**
3 **ŒUFS**
1 c. à café **EXTRAIT DE VANILLE**
1 c. à café **ZESTE D'UN CITRON BIO (OPTIONNEL)**

POUR LA DÉCORATION :
2 c. à soupe **MIEL D'ACASIA**
50 G **PISTACHES CONCASSÉES**
50 G **FRAMBOISES**

Préparation

1. Émiettez les biscuits et mélangez-les avec le beurre fondu.
2. Tassez ce mélange au fond d'un moule à charnière tapissé de papier sulfurisé. Réservez au frais pendant environ 30 minutes.
3. Dans un grand bol, fouettez le labneh et le fromage frais jusqu'à obtenir une texture lisse.
4. Ajoutez le sucre, la vanille et le zeste de citron. Mélangez bien.
5. Incorporez les œufs un par un, en fouettant après chaque ajout, jusqu'à obtenir une crème homogène.
6. Versez la garniture sur la base de biscuits. Enfournez dans un four préchauffé à 150 C pendant environ 45 à 50 minutes, jusqu'à ce que le centre soit légèrement tremblotant.
7. Laissez refroidir à température ambiante, puis réfrigérez pendant au moins 4 heures

Avant de servir, décorez avec les framboises, 2 cuillères à soupe de miel et des pistaches concassées.

Mousse labneh-mangue

Pour 6 personnes

Un dessert facile, très simple à confectionner, délicieusement frais et léger.

Ingrédients

300 G **LABNEH**

2 **MANGUES MÛRES**

3 c. à soupe **SUCRE SEMOULE**

200 ML **CRÈME LIQUIDE ENTIÈRE BIEN FROIDE**

1 c. à café **EXTRAIT DE VANILLE**

1 c. à soupe **JUS DE CITRON FILTRÉ**

50 G **MORCEAUX DE MANGUE FRAÎCHE**

5 **FEUILLES MENTHE FRAÎCHE**

Préparation

1. Commencez par préparer la purée de mangue : Épluchez et coupez les mangues en morceaux, puis mixez-les avec le jus de citron et une cuillère à soupe de sucre jusqu'à obtenir une purée lisse. Réservez au frais.

2. Dans un bol, fouettez le labneh avec le sucre et l'extrait de vanille jusqu'à ce qu'il soit bien lisse.

3. Dans un autre bol, montez la crème liquide en chantilly ferme. Incorporez-la délicatement au mélange de labneh.

4. Dans une grande coupe de présentation ou plusieurs petites verrines, alternez des couches de mousse au labneh et de purée de mangue. Laissez reposer au réfrigérateur pendant au moins 1 heure avant de servir.

Décorez avant de servir, avec les morceaux de mangue fraîche et les feuilles de menthe.

Mousse labneh-fruits rouges

Pour 6 personnes

Variante délicieuse de la recette précédente.

Ingrédients

300 G **LABNEH**

200 ML **CRÈME LIQUIDE ENTIÈRE BIEN FROIDE**

100 G **SUCRE SEMOULE**

300 G **FRUITS ROUGES FRAIS OU SURGELÉS**

1 c. à café **EXTRAIT DE VANILLE**

1 c. à soupe **JUS DE CITRON FILTRÉ**

50 G **FRUITS ROUGES MÉLANGÉS POUR LA DÉCORATION**

Préparation

1. Dans une casserole, faites cuire les fruits rouges avec 25 g de sucre et le jus de citron pendant quelques minutes jusqu'à ce qu'ils soient bien tendres.

2. Mixez-les pour obtenir un coulis, puis laissez refroidir. Vous pouvez filtrer pour enlever les petites graines, surtout si vous utilisez des framboises.

3. Dans un bol, fouettez le labneh avec le sucre restant et l'extrait de vanille jusqu'à obtenir une texture lisse.

4. Dans un autre bol, montez la crème liquide en chantilly ferme. Incorporez délicatement la crème fouettée au mélange de labneh.

5. Dans des verrines, alternez des couches de mousse au labneh et de coulis de fruits rouges.

Répétez l'opération pour remplir les verrines, puis terminez avec un peu de coulis sur le dessus.

6. Placez les verrines au réfrigérateur pendant au moins 1 heure.

Au moment de servir, décorez avec des fruits rouges entiers et quelques feuilles de menthe.

Glaçage au labneh

Alternative plus légère et subtilement acidulée par rapport au glaçage traditionnel à base de crème ou de beurre. Parfait pour accompagner un quatre-quarts.

Ingrédients

250 G **LABNEH (BIEN ÉGOUTTÉ)**
100 G **SUCRE GLACE**
1 c. à café **EXTRAIT DE VANILLE**
1 c. à café **ZESTE D'UN CITRON
(FACULTATIF, POUR UNE TOUCHE
DE FRAÎCHEUR)**

Préparation

1. Égouttez le labneh. Si votre labneh est encore un peu humide, assurez-vous qu'il soit bien égoutté en le plaçant dans une passoire recouverte de gaze pendant quelques heures au réfrigérateur. Cela donnera une texture plus épaisse et crémeuse au glaçage.

2. Dans un bol, fouettez le labneh avec le sucre glace et la vanille jusqu'à obtenir une consistance lisse et crémeuse. Si vous souhaitez une note citronnée, ajoutez le zeste de citron à ce stade.

3. Laissez le glaçage reposer au réfrigérateur pendant 15 à 30 minutes pour qu'il prenne légèrement et soit plus facile à étaler.

Labneh figues et fleurs d'oranger

Fusion de saveurs, en délicatesse, légèreté et douceur.

Ingrédients

200 G **LABNEH**

100 G **SUCRE GLACE**

30 G **MIEL TOUTES FLEURS**

1 c. à soupe **EAU DE FLEURS D'ORANGER**

6 **FIGUES MÛRES À POINT**

30 G **POUDRE DE PISTACHES**

Préparation

1. Mélangez dans un bol le labneh avec le sucre glace, le miel et l'eau de fleurs d'oranger. Réservez.

2. Détaillez les figues en tranches fines, réservez.

3. Répartissez le mélange dans des verrines et entreposez au frais.

4. Au moment de présenter, couvrez avec les tranches de figues. Saupoudrez de pistaches en poudre et présentez.

Bananes rôties au labneh

Pour 6 personnes

Un dessert totalement addictif et réconfortant.

Ingrédients

6 **BANANES**

3 c. à soupe **MIEL**

6 c. à soupe **LABNEH**

30 G **NOIX TORRÉFIÉS**

30 G **BEURRE**

1 c. à soupe **HUILE D'OLIVE**

1 c. à café **CANNELLE**

Préparation

1. Saisissez dans une poêle les bananes coupées en deux dans la longueur avec 30 g de beurre. Faites-les bien dorer sur les deux faces.

2. Déposez-les dans un plat à four arrosez d'une cuillère à soupe d'huile d'olive.

3. Saupoudrez de cannelle et glissez dans un four chaud 5 minutes sous le grill.

4. Mélangez le labneh au miel.

5. Sortez les bananes du four et accompagnez-les d'une cuillère de labneh au miel. Saupoudrez d'une pincée de cannelle et de noix torréfiées.

Sahtein

صحتين *

* Bon appétit

Table des recettes

Édition : BoD · Books on Demand GmbH, In de Tarpen 42, 22848 Norderstedt (Allemagne)

Impression : Libri Plureos GmbH, Friedensallee 273, 22763 Hamburg (Allemagne)

Dépôt légal : Octobre 2024

Texte : Noha Baz
Illustration de couverture: Florence Cointreau
Mise en page: Louay Daoust
Suivi éditorial : Hanane Moussa

ISBN : 978-2-3225-5102-6